Mandalas & Mantras

Coloring Book

VOLUME ONE

Colour your way to mindfulness, spiritual healing and joy.

33 inspiring mantras contained within 66 pages of mandalas.

just breathe

to thine
own self
be true

shine
bright

I am a
blessing

unconditional
love

ease
and
grace

I am
enough

Heaven
is on
earth

I trust
the
flow
of life

I am
all
that
I am

I am born worthy as I am

I am
blessed

Inhale
Exhale

I am
love

I choose
to be
happy

All
is
well

I am
loved

I am strong

I have
everything
I need
right now

I am
thankful

I am
limitless

I am
abundant
beyond
measure

I
got
this

I am
divine

I am
free
to be
me

I
create
my
own
path

my
body is
my
temple

I am
at
peace

I am
worthy

I love
life
and
life
loves
me

i
am
joy

I am
perfect
as
I am

I nurture myself